Heinz Bördner

# Büttenreden
## zur
# Fassenacht

## So wird in Hohenahr gelacht

### Freche Büttenreden
### und Zwiegespräche

## Kreativ Forum Westerwald

# Inhalt

Die im Buch beschriebenen Zwiegespräche
fanden gerade bei Frauensitzungen
einen großen Anklang.

Die Zweideutigkeit des Inhaltes
bürgt für eine gewisse Brisanz.

Also ganz im Sinne einer deftigen Sitzung.

Möchten Sie eine Büttenrede vortragen?
Achten Sie bitte besonders darauf,
dass Ihre Mimik keine Schlüsse
auf die Pointe zulässt.

Das Publikum honoriert Ihre defensive
und emotionslose Vorführung
mit dem entsprechendem Applaus.

Herstellung und Verlag
**Books on Demand GmbH, Norderstedt**
1. Auflage August 2009
Titel des Werkes:
Büttenreden und Fassenacht
Autor: Heinz Bördner
Kreativ Forum Westerwald
ISBN: 9-783-83913-3361

# Ehepaar Heinz und Diana

1 Tisch, zwei Stühle, Zeitung
Schlafanzug, Lockenwickler u. ä.
Morgens beim Frühstück


D:     Na – das war ja ganz schön spät gestern Abend?
       Du hättest Dich sehen müssen ... Vom Feinsten!

H:      Ach komm, wir haben doch nur ein kleines
       Wetttrinken veranstaltet.

D:     Ja – Das habe ich gemerkt!
       Wer ist denn Zweiter geworden?

H:     Stell Dich nicht so an.
       Da war gestern ein neuer bei uns.
       Prima Typ! – mit Pferdeschwanz!

D:     Wer ist denn das? – Wie sieht er denn aus?

H:     Pfff ... bisschen größer als ich ... hat aber keine
       Haare mehr auf dem Kopf!

D:     Oh Mann, weißt Du eigentlich noch als Du zu
       mir ins Bett gekrochen bist? Du wolltest Deinen
       Daumen in meinen Bauchnabel legen.

H:     Ja, Ja.

D:     Du ... das war aber nicht mein Bauchnabel!
       Was sagst Du jetzt?

H:     Hä? ... Das war ja auch nicht mein Daumen!

D:    Oh Mann, was bist Du doch für ein Trottel.
      Aber wir passen ja ganz gut zusammen.
      Was hattest Du denn als an meinen Brüsten
      rum zu meckern?

H:    ich dachte nur, Du könntest sie Dir ja ein wenig
      vergrößern lassen. Du weißt ja – wegen Hand
      voll und so.

D:    Das könnte Dir aber so passen.
      Lass Dir doch Deine Hände verkleinern!

H:    Das würde noch fehlen!

D:    Diese Woche war ich beim Frauenarzt und der
      hat mir gesagt, ich hätte schöne Brüste und
      extrem schöne Beine.

H:    Ja und? – Von Deinem Arsch hat er nichts
      gesagt?

D:    Nein, von Dir haben wir nicht gesprochen!
      Oh – hör mal – hier steht in der Zeitung, dass
      jetzt ein Selbstverteidigungskurs angeboten
      wird. Was meinst Du? – Soll ich mich da
      anmelden?

H:    Wofür soll das denn gut sein?

D:    Ei – da lernt man wie man Ziegelsteine kaputt
      haut.

H:    So ein Quatsch!
      Wann wird man denn einmal von einem
      Ziegelstein angegriffen?

D: Und hier! – hör zu – die Stiftung Warentest hat einen Vibrator getestet. – Ergebnis: befriedigend! Das versteh ich aber jetzt nicht. Ist das besser als gut?

H: Oh, Frau! – Ich lach mich gleich halb tot.

D: Du – immer mit Deinen Sprüchen! Was ist denn wenn sich einer zweimal halb tot gelacht hat?

H: Dann ist das wie wenn ein Schiff in See sticht!

D: Ja – was ist denn dann?

H: Ei – dann ist der Meeresspiegel kaputt! Hihihi!

D: Och, schau einmal. Hier ist ein Bilderrätsel. Wenn man errät, was das für eine Blume ist, kriegt man einen Fernseher. Schau – das ist doch eine Rose – oder?

H: Du bist eine dumme Nuss! – Eine Chrysantheme ist das... eine Chrysantheme! Ich halte das im Kopf nicht aus.

D: Ach so... hhmm... du Schatz? – wie schreibt man denn Chrysantheme?

H: Ähh – zeig mal her! Ich werd verrückt – Du hattest ja Recht – das ist tatsächlich eine Rose.

D: Hier steht eine Geschichte von einer Frau, die immer sexuelle Gelüste bekommt, wenn sie Alkohol trinkt. Weißt Du – wenn ich Bier trinke

wird mir auch immer so kribbelisch zwischen
den großen Zehen.

H:    *horcht auf und winkt zur Theke*
      Kann uns mal jemand zwei Bier ringen?
      *Warten auf das Bier*
      Apropos Bier –unter dem Bett liegt ein Karton,
      da sind drei leere Bierflaschen drin.
      Und 212 Euro!
      Was hat das denn zu bedeuten?

D:    *wirkt jetzt sehr verlegen*
      Oh weh… Schatz… das kann ich erklären… aber
      wird jetzt bitte nicht böse.

H:    Na… erzähl schon.

D:    Also… Du bist doch immer so oft auf Montage.
      Da bin ich tagelang alleine. Und …
      also… äh… da hab ich Dich betrogen.
      – Pfff – jetzt ist es raus.

H:    Was?? – Nächstes Jahr haben wir
      Silberhochzeit… und dann so was?
      Ja und was bedeuten dann die drei leeren
      Flaschen?

D:    Ei… jedes Mal wenn ich Dich betrogen habe,
      musste ich eine Flasche Bier trinken!
      Komm schon… sei nicht böse.

H:    Na ja! – in 25 Jahren dreimal – das geht ja noch.
      Ist ja gut! - Aber das Geld? – Die 212 Euro… was
      ist denn damit?

D:   Das ist Flaschenpfand von denen die ich schon zurück gebracht habe.

H:   Ich spring gleich aus dem Fenster!

D:   Dann könntest Du vielleicht gerade den Müll mitnehmen. – Huch – das passt aber jetzt!
Hier gibt es einen Partnerschaftstest.
Hör zu: Mit wem möchten sie am liebsten das Wochenende verbringen?
A: mit ihrer Ehefrau – oder...

H:   (*unterbricht schnell*) auf jeden Fall **B**

D:   Ach komm – warum bist du denn so traurig?
Weißt Du noch, vor 25 Jahren, als ich 16 war und Du mich auf dem Rücksitz vom Auto verführt hast?

H:   Ja, das weiß ich noch ganz genau.
Dein Vater hat mir eine Flinte unter das Gesicht gehalten und gesagt: Heiraten oder 25 Jahre Knast!

D:   Und? – das ist doch schon so lange her.
Warum guckst Du denn so traurig?

H:   Heute wäre ich entlassen worden!
Aber wenn das so weiter geht, kannst Du auch noch den Notruf, die ELF - ZWEI anrufen.

D:   Jetzt machst Du aber schon wieder einen Spaß.
Auf der Tastatur vom Telefon ist ja gar keine ELF. Oh... hier, das ist interessant.
Ein Fläschchen Parfüm – Chanel Nr. 5 – 50ml –

250 Euro! – Und hier: Cartier – 50ml – 170 Euro!
Das ist ja ein Ding!
He… sag einmal, nach was riecht es denn hier
auf einmal?
*Schnuppert in die Gegend*
Sag mal, hast Du gepupst?

H: *hebt kurz den Po*
Ja… Rosenkohl… ALDI… 200 Gramm… 99 Cent!

D: Kann mal jemand das Fenster aufmachen?
Puuh! Ich sehe auf einmal alles
verschwommen.
Ach hier! – Die Apotheke hat wieder
Sonderangebote:
Ein „Stehtnet" Blocker gegen Impotenz!
Was ist eigentlich impotent?

H: Na – das ist ungefähr so als wolltest du mit
gekochten Spaghetti Mikado spielen.
Hast Du eigentlich schon gehört?
Der Schindler – Hannes hat behauptet, er hätte
in unserer Straße schon jede Frau im Bett
gehabt.
Außer EINER!

D: Das ist bestimmt die blöde Zicke von
gegenüber!
Stell Dir vor, angeblich soll die sogar tätowiert
sein. – Ist das nicht pervers?

H: Warum? Ich find das gut. Habe übrigens auch
überlegt, ob ich mir nicht ein Tattoo machen
lasse.

D:   Was? – Jetzt geht es aber los! Du und tätowiert! Vielleicht auch noch intim, oder?

H:   Gar nicht so schlecht! Ich dachte ich lasse mir einen 500 Euro Schein auf mein bestes Stück malen.

D:   Jetzt versteh ich gar nichts mehr. Warum denn das?

H:   Also!  Erstens habe ich gerne etwas Geld in der Hand und zweitens sehe ich dann, wie mein Kapital wächst!

D:   Und Drittens?

H:   Drittens könntest Du dann jede Woche 500 Euro verblasen!

D:   Du hast echt zu heiß gebadet! Du darfst nicht mehr in die Sauna gehen! Bei der Überhitzung bekommst Du einen Kolbenfresser!
Apropos Sauna! Du warst doch vorgestern wieder.
 War da etwas Bestimmtes?

H:   Na ja, etwas war da schon.

*Steht auf und fängt an bildlich zu erzählen*
Ich wollte gerade unter die Dusche, hatte in jeder Hand ein Stück Seife und dann ging plötzlich die Tür auf.
Drei Blondinen kamen herein, pudel nackt!
Ich hab da gestanden, wie zu Stein erstarrt. Die kamen auf mich zu, ich war wie gelähmt. Da

sagte die eine: „Was ist denn das?" Die andere:
„Vielleicht eine Statue?" Die dritte ist hin
gegangen und hat doch tatsächlich an meinem
Schniedel gezupft. Vor lauter Schreck hab ich
ein Stück Seife fallen gelassen.
Da rief die Erste: „Ein Seifenspender!" hob die
Seife auf und ging zum Duschen.
Die Zweite kommt zu mir, zupft auch an
meinem  Schniedel, die andere Seife fällt runter,
sie hebt sie auf und geht zum Duschen.
Die Dritte sagt: „Ich will auch!"
Jetzt hatte ich aber keine Seife mehr.
Sie zupft und zupft und zupft!
Auf einmal rief sie: „Die Seife ist alle, aber jetzt
kommt Duschgel!"
*Setzt sich erschöpft wieder hin*

D:      Dir passieren aber auch immer die komischsten
Sachen.

H:      Das kann man wohl sagen.
Neulich in der Kneipe, kam einer und fragte, ob
es denn bei uns in *(Ortschaft einsetzen)* auch
Nutten gäbe. Er müsste mal so richtig
entspannen.
Da sagte der Wirt: „Nutten gibt's hier nicht,
aber wir haben dafür den Detlef!"
Der Fremde fragte was es wohl kosten würde.
Darauf antwortet der Wirt: 80 Euro!
„Das ist in Ordnung" sagte der Fremde: „dann
gebe ich dem Detlef 80 Euro und die Sache ist
geritzt.
„Nein" sagt der Wirt: „40 Euro kriegt der

Bürgermeister. Dem gehört das Dorf und der hat das nicht so gerne!"
Der Fremde: „Also bekommt Detlef noch 40 Euro?"
„Nein" sagt der Wirt: „20 Euro bekomme ich. Mir gehört die Kneipe und ich hab das auch nicht so gerne!"
„Also bekommt Detlef noch 20 Euro?" fragt der Fremde. „Nein – die teilen sich Michael und Stefan. Die müssen den Detlef fest halten, der hat das auch nicht so gerne!"

D: Jetzt ist es aber gut! Weißt Du was?
Ich glaube das Bier fängt an zu wirken. Komm, wir legen uns noch ein Stündchen ins Bett.

H: Keine schlechte Idee!
Schade, dass ich mein 500-Euro-Tattoo noch nicht auf meinem Turbo Porsche habe.

D: Mach Dir nichts daraus.
Mehr als 5 Euro kriegt auch der beste Tätowierer der Welt nicht auf den Mini Cooper.

Komm jetzt und

# Helau

# Wer anderen eine Grube gräbt

*Der Vortragende zeigt einen*
*Defekt am Mikrophon an.*
*Präsident ruft Techniker…Vortragende winkt ab*

Hey, das war doch alles nur ein Bluff.
Das Mikrofon klappt einwandfrei.
Setz dich auf deinen Hintern druff, *(drauf)*
Hauptsache, ich hatte meinen Spaß dabei.

Nun, ich will euch erst einmal begrüßen,
das hier am Anfang war nur Schau.
Hallo ihr Männer und auch ihr Süßen,
ich ruf euch zu: „Ein donnernd Helau!"

Ihr habt das sicher schon gespürt,
ich bin zu Streichen aufgelegt,
das hat schließlich dazu geführt,
mein Nachbar hat sich aufgeregt.

Dem hatte ich vor die Türe gesch..macht
und mit einer Zeitung zu gedeckt.
Dann ein Streichholz angerissen
und das Ganze angesteckt.

Auf die Klingel gedrückt und abgehauen
und sich in Sicherheit gebracht,
um aus der Deckung zu zuschauen,
was der Nachbar als nächstes macht.

Die Tür geht auf, er sieht das Malheur,
die Kinnlade tät ihm ´runter klappen.
Er trampelt mit den Füßen hin und her,
in seinen nagelneuen Schlappen.

Das Feuer war auch ganz schnell aus,
doch jetzt – was soll ich dazu sagen?
Ich darf bei dem nicht mehr ins Haus,
ich glaub, der kann keinen Spaß vertragen.

Gestern beim (bekannter Name)um kurz nach drei,
Fünfzehn Pizzas hab ich bei dem bestellt.
Ihr denkt, da ist doch nichts dabei;
Ich hatte mich aber mit (bekannter Name) gemeldt'.

Der hatte sich auch gewundert
und nichts genommen, das war doch klar.
Der (bek. Name)war vielleicht auf Hundert
und weiß bis heute nicht das ich das war.

Ein Kumpel von mir, der ist bisschen blöd,
eine Luftblase im Hirn, die hat er noch.
Dem hab ich eine Sache aufgedreht:
Die Lottozahlen von der nächsten Woch'.

Ich hab gemurmelt, etwas verschwommen
und hab dem die Zahle glatt serviert.
Der hat sich einen Kuli genommen
und den ganzen Schwachsinn mit notiert.

Jetzt rennt er los, er wollte noch tippen,
was hab ich innerlich gelacht.
Ich biss mir feste auf die Lippen,
sonst hätte ich den Teppich nass gemacht.

Ich dacht unser Verhältnis sei jetzt gestört,
weil ich den hab so richtig verkohlt.
Doch dann hab ich im Dorf gehört,
der hat im Lotto den Jackpot geholt.

Der hat es gut und kann jetzt prahlen
und legt seine Hände in den Schoss.
Das alles mit meinen Lottozahlen,
der Schuss ging nach hinten los.

Im Bürgerhaus, - wie raffiniert,
bin ich auf die Toilette gewetzt,
den Klodeckel mit UHU eingeschmiert
und mich wieder an die Theke gesetzt.

Ich hab ganz teilnahmslos geguckt
und gewartet bis einer runter geht.
Dazwischen ein paar Bierchen geschluckt
und gar nicht gemerkt, es ist schon spät.

Na ja, ich bestell mir noch ein Bier,
hab ich so bei mir gedacht.
Was du getrunken hast, das lässt du hier,
mich auf den Weg nach unten gemacht.

Ich weiß, an was ihr jetzt denkt.
Denk ich dran, komm ich ins schwitzen.
Weil, seit dem meine Frau mich so drängt,
mach ich mein Geschäft nur noch im Sitzen.

An eines  hab ich natürlich nicht gedacht,
das gab mir an diesem Abend den Rest.
Nämlich an das was ich vorher gemacht;
Jetzt hing der Klodeckel am Poppes fest.

Es waren mehr Gäste da als gedacht,
zum Glück auch ein paar Feuerwehrleut.
Die haben eine Übung daraus gemacht
und mich von dem Ding befreit.

Mein bestes Stück......ist heil geblieben.
Der hat ja Gott sei Dank gehangen.
Da ist wieder mal, nicht übertrieben,
der Schuss nach hinten losgegangen.

Nach drei Wochen konnte ich wieder sitzen.
Die Backen sind nur noch leicht gerötet,
ab und zu brennt es in der Ritze,
gerade so als wenn ein Engel flötet.

Geh ich durchs Dorf, von Zeit zu Zeit
und die Leute zu lachen beginnen,
dann bin ich bald wieder so weit
und tu nur noch auf Rache sinnen.

Jetzt hab ich wieder etwas ausgeheckt:
Unterm (Autohändler) seinem neuen Waache,
hab ich 'ne Mundharmonika versteckt,
wenn der losfährt, dann kriegt er Aache.(*Augen*)

Seitdem hab ich nichts mehr gehört,
doch nach meiner letzten Inspektion,
gibt es was, was mich etwas stört:
Beim Fahren, so ein komischer Ton.

Ich hab mich gar nicht dahin getraut,
mein schlechtes Gewissen meldet sich hier.
Schließlich hab ich selbst nachgeschaut,
gefunden hab ich: ein Schifferklavier.

Das war an der Achse fest gemacht.
Ich hab es wieder runter genommen.
Da hab ich so bei mir gedacht:
Der war mir auf die Schliche gekommen.

Ich muss in Zukunft vorsichtiger sein.
Mit Allem was ich so mache.
Sonst fällt keiner mehr auf mich rein
und ich hab nichts mehr zu lache.

Ein alter Trick, vielleicht schon bekannt,
auf der Treppe, der dritten Stufe,
wird quer rüber ein Seil gespannt,
dann tu ich meiner Oma rufe.

Doch irgendwas war hier verkehrt,
woran hat das nur gehangen?
Weil die Oma so schlecht hört,
bin ich zu ihr hin gegangen.

Ich sag zu ihr, ich kleiner Schuft:
Du sitz den ganzen Tag im Haus,
draußen ist so eine herrliche Luft,
willst du nicht ein bisschen raus?

Da sagt sie zu mir: Mein lieber Heinz,
ich mach mich gleich auf die Sohlen.
Doch wünsch ich mir vorher noch eins,
geh mir schnell noch Kartoffeln holen.

Mit dem Eimer in der linken Hand,
hab ich mich auf den Weg gemacht,
bin dann die Treppe runter gerannt,
an das Seil, hatte ich nicht mehr gedacht.

Das rechte Bein hatte ich mir gebrochen,
später hab ich noch so gedacht:
Hatte die Oma den Braten gerochen?
Hat sie sich ins Fäustchen gelacht?

Bei uns daheim ist manchmal was los,
dann tu ich mein Frauchen necken.
Die sitzt in der Stube, ganz ahnungslos,
dann komme ich und tu sie erschrecken.

Die tut auch gerne so Heftchen lesen,
das hab ich ihr in den Reißwolf gesteckt
und so gemacht als wäre nichts gewesen,
bin gespannt, wenn sie es merkt.

Sie rief aus der Küche mit ihrem Sopran:
Schatz, du willst doch einen Trinken gehen,
dein Taschengeld liegt in meinem Roman!
Das war natürlich auch nicht schön.

Jetzt hatte ich wieder eigenen Verdruss,
von dem was ich selbst angefangen.
Wieder einmal war so ein Schuss,
nach hinten los gegangen.

Seitdem halt ich mich etwas bedeckt.
Tja, aus Schaden wird man schlau.
Es werden keine Streiche mehr ausgeheckt.
Oder vielleicht doch?

Helau

# Ultraschall

Fröhliche Fassnacht – überall,
morgen muss ich zum Ultraschall.
Warum? – Das wollt ihr gerne wissen?
Weil, ich kann nicht mehr richtig schlucken.

Ihr glaubt nicht was da alles passiert,
ich krieg Gelee auf den Bauch geschmiert.
Dann, mit einer Computer Maus,
holt der aus dem Bauch die Bilder raus.

Die haben das schon mal bei mir gemacht,
das hat aber nicht wirklich etwas gebracht.
Da sagte der Arzt, ich hör es nicht gern,
der Darm müsste noch gespiegelt wern.

Da muss ich seitlich auf em Bänkche leie,
ich könnt schon vorher laut Hurra schreie.
Dann, der Schlauch, drei Meter lang,
von hinten in meinen Auspuff drang.

Der Doktor hat dabei gelacht,
ich glaub, das hat ihm Spaß gemacht.
Das war ein sadistischer Schuft,
der pumpt mir den ganzen Bauch voll Luft.

Der Schlauch war noch nicht in der Mitte,
hinten juckt es, meine Hämorriden.
Mit lautem Ruf hat der Doc mich erschreckt,
er hätte gerade ein paar Polypen entdeckt.

Den Dingern machen wir den Garaus,
die bleiben nicht drin, die müssen raus.
Ich dachte noch, dass ich nicht richtig hörte,
die wollten mich am Schenkel erde.

Ich werde geerdet? Frag ich dumm.
Jetzt wollte ich aber wissen – warum?
Erstaunt hör ich was der Doktor sagt:
Elektrisch wird das bei uns gemacht!

Bei mir läutet es wie ein Sturm!
Elektrischer Schlag? Am Glockenturm?
Der Doktor winkt beruhigend ab:
komm mein Bub, mach mir nicht schlapp.

Hab keine Angst um deinen Damentrimmer,
der ist so kurz, der steht doch immer.
Das Späßchen sollte mich munter machen,
mir war dabei aber nicht zum Lachen.

Ich konnte nun das weitere Geschehen
auf dem Monitor – in Farbe – sehen.
Zwei Polypen waren es die da hingen,
schon kam der Doc mit einer Schlinge.

Er macht das mit einer fantastischen Ruh
und dreht dem Ding den Krotzen zu.
Es qualmt, als hätte ein Feuer gewerkt
und ich hab von all dem nichts gemerkt.

Den Zweiten hat er auch erwischt
und Ruckzuck aus dem Darm gefischt.
Er fand auch keins mehr von den Dingern
war ganz hinten, bis an de zwölf Finger.

Er zieht am Schlauch schmerzvoll und kurz.
Das Ding war raus, mit ihm ein … Wind.
Der Bauch war nämlich noch voller Luft,
im Raum verteilt sich ein zarter Duft.

Der Doktor macht sich schnell davon,
der mag das nicht, mein Eau de Cologne.
Drei Stunden haben die Winde geweht,
da merkt man nicht wie die Zeit vergeht.

Wie lange bin ich hier noch gebunden?
Wir haben im Darm ja nichts gefunden.
Abends hat der Doc noch mal rein geguckt,
sagt zu mir: Morgen wird geschluckt.

Ein netter Kerl, ich tu ihm noch Winken,
morgen geht der mit mir einen trinken!
Drei Betten ginger ins Zimmer rein,
zwei waren leer, ich war allein.

Die Ruhe hab ich so richtig genossen
und ab und zu ein Fürzchen gelassen.
Gedanken sind mir durch den Kopf gerannt,
doch dann hat mich der Schlaf übermannt.

Gegen drei Uhr werde ich durch geschüttelt,
die Nachtschwester hat an mir gerüttelt.
Ihr lieben Leute, was hat die gescholle,
ich hätte Schlaftablette nehmen solle.

Am Morgen ist mir die Farbe gewichen,
man hat mir glatt das Frühstück gestrichen.
Nüchtern bleiben? Das war nicht schön.
Der Doc wollt mit mir ein trinken gehen!

Stattdessen ging es in Herrgottsfrüh,
runter in die Gastrologie.
Die haben sich auch gleich bemüht
und mir was in den Hals gesprüht.

Dann kam der Doktor angerannt,
schon wieder einen Schlauch in der Hand.
Ein bisschen mulmig war mir schon,
am liebsten wäre ich auf und davon.

Ach was, dann tu ich halt schlucken,
lass mir mal in den Magen gucken.
Ist nicht schlimm, hat der Doc sich verbürgt.
Mir war es egal, ich hab nur noch gewürgt.

Wie geht's? hör ich den Doktor fragen.
Ein Schlauch im Maul – was soll ich sagen?
Ich hab mir ein Kopfnicken abgerungen,
als das Ding übers Zäpfchen gesprungen.

O weh, was haben wir hier für ein Gemüse?
Das war bestimmt die Bauchspeicheldrüse!
Was spricht der da? Ich werde ganz blass!
Der lacht mich an: Es war nur Spaß!

Darüber lachen konnte ich vergessen,
hatte ja noch den Schlauch in der Fresse.
Jetzt geht's durchs letzte Magentürchen,
hinten links, ein kleines Geschwürchen.

Das kriegen wir weg, jede Wette!
Sagt der Doktor: Mit Tablette!
Heut Mittag können sie nach Haus,
ich zieh nur noch den Schlauch heraus.

Gehen sie auf ihr Zimmer bitte
und warten dort auf die Visite.
Ich komm so schnell wies die Zeit erlaubt!
Und ich Kamel hab das geglaubt.

Um neun Uhr hab ich im Zimmer gesessen,
kurz drauf um zwölf gab es Mittagessen.
Das hab ich gleich wieder zugedeckt.
Alles hat nach Schlauch geschmeckt.

Um vierzehn Uhr kam der Doc zu mir:
Lieber Heinz, du bleibst noch hier!
Wir untersuchen die Blase in allen Winkeln.
Wirst sehen dann kannst du wieder Pinkeln.

Wir müssen nur, wie im Darm und Bauch,
kurz herein und zwar mit dem Schlauch!
Da käme ja nur eine Öffnung in Frage?
Ich denke daran, mir dreht sich der Magen.

Kommt nicht in die Tüte, weiß der Himmel,
so ein Ding kommt nicht in mein ...Blase.
Die haben einen Dubben, jetzt geht's rund.
Mir geht's  ganz prima, ich bin gesund.

Wenn es beim Pinkeln nicht gleich kimmt,
trink ich ein Bier, das hilft bestimmt.
Dann bin ich weg, nix wie raus,
direkt zu euch – ins Bürgerhaus.

Nehme Teil an dieser Faschingsschau,
oh, ich muss auf den Pott – macht's gut!

Helau

# Patient und Besucher

*Szenenbild:* Besucherzimmer,
Paravent (Toilette im Hintergrund)
Schild „Urologie" (Treppenaufgang)
1 Tisch, zwei Stühle
*Ablauf:* Patient hilft beim Aufbau und bleibt
hinter dem Paravent stehen.
Nach Aufforderung zum Aufmarsch bleibt es ruhig.
Rückfrage vom Präsidenten: Patient ist noch auf Toilette.
*Background:* Pubser, Toilettenspülung, Zeitungsknistern
Patient kommt mit Zeitung unter dem Arm
auf die Bühne und setzt sich hin.
Besucher kommt abgehetzt, Selbstgespräche führend
auf die Bühne zu und bleibt vor dem Schild „Urologie" stehen.

Besucher:   Urologie!? Ich wusste gar nicht,
            dass  die hier auch Uhren reparieren.
            Ah, endlich! – Da sitzt er ja!
            Hallo Heinzi!

Patient:    Oh, Besuch?! – Das ist aber fein.
            Was treibt dich denn hierher?

Besucher:   Ich war in der Stadt,
            da dachte ich, ich schaust du mal
            nach unserem Heinzi.
            Wie geht es denn so?

Patient:    (er *druckst herum*)  Ach jaa – Na jaa

Besucher:   Weshalb bist du denn überhaupt hier?

Patient:    (*druckst wieder herum*)
            Ei … wegen dem  Zucker.
Besucher:       Zucker? – Im Dorf erzählen sie,
            du bekommst keinen mehr hoch!

Patient:      Ei – Ja …

Besucher:    Wie?  Ei ja?

Patient:       Ei – ja, - der zuckt nur noch!

Besucher:    Das musst du mir aber mal näher
              erklären.

Patient:      Mmh,  Du musst dir das so vorstellen:
              eine Ampel –  grün – ich will gerade
              wieder    losfahren – schon ist wieder rot
              und ich kann auskuppeln.

Besucher:    Und was meinen die Doktoren dazu?
              Kann man da noch etwas machen?

Patient:      Der Chefarzt meint:
              ich hätte das Porzellan-Syndrom.

Besucher:     Porzellan-Syndrom? Was ist das?
               Nie gehört.

Patient:      Ei – ich hätte einen Sprung in der
              Schüssel.
              Das wird vom Kopf gesteuert!
              Ich soll an etwas anderes denken.

Besucher:    Der macht es sich aber leicht.
              Du denkst an etwas anderes
              und schon klappt es wieder?

Patient:   Ich hab es probiert und hab mir ein Bild
            von …….    (*bekannte Frau benennen*)
            geholt und als angeguckt.

Besucher:  Und? – Das hat geholfen?

Patient:  Nein! – Gar nicht
– aber bei der war mir das auch egal!

Besucher:  Sag mal – hier im Krankenhaus geschehen
aber merkwürdige Dinge.
Als ich dich gesucht habe,
bin ich an einem Zimmer vorbei
gekommen,
da lag einer. Du, ich glaube der war am
Onanieren!

Patient:  Ja, ja Zimmer 318 – der Karl – der hat eine
ganz seltene Krankheit.
Der muss das ständig machen,
sonst platzt im der Hoden.

Besucher:  Was es nicht so alles gibt?
Aber ein Zimmer weiter, lag einer im Bett
und neben ihm saß eine Krankenschwester
und wenn mich nicht alles täuscht
– ich glaub – die hat dem einen geblasen!

Patient:  Ja, ich weiß, der hat eigentlich
dasselbe wie der Karl
– aber der ist privat versichert!

Besucher:  Erstaunlich, wie weit die Medizin
heute schon ist.
Aber – wie lange sollst du denn noch hier
bleiben?

Patient:  ach – ich soll noch ein paar Tabletten
ausprobieren.

Obwohl, da bin ich auch nicht so dafür. Als ich noch zu Hause war, hat mir mein Hausarzt eine ganz neue Tablette gegeben. Der sagte: Wenn man die schluckt, kann man drei Mal.
Man muss nur HAU RUCK sagen und schon steht er. Wenn man PSST sagt, ist es wieder vorbei.

Besucher:     Das soll wirklich drei Mal klappen?

Patient:   Ich hab es auch nicht geglaubt und deshalb gleich in der Praxis eine genommen. Ich sagte: HAU RUCK und, tatsächlich, der stand wie ein Hydrant. Aber mit so einem Ding konnte ich ja unmöglich nach Hause gehen. Also hab ich PSST gesagt und die Hose war wieder glatt.

Besucher: Na ja, zwei Mal sind dir noch übrig geblieben.

Patient:   Du wirst lachen, ich bin heimgegangen und unten am (*bekannten Platz*) haben sie gerade einen Mast hoch gehievt. Bei dem Kommando: HAU RUCK, na ja, du weißt ja. Wegen der vielen Leute habe ich gleich wieder PSST gesagt und mich aus dem Staub gemacht. Es wurde schon langsam dunkel und ich bin hinter der Kirche hoch und nix wie heim.

Besucher:     Hihi, da hast du dir ja noch ein Aufhupferl gerettet!

Patient:     Von wegen - ich daheim - die Treppe

hoch - in die Wohnstube – und gerufen:
Schatz, es klappt wieder: **HAU RUCK!**
Da hat sie gesagt: **PSSST,** ich gucke
gerade .....
(aktuelle *Fernsehserie nennen*)

Besucher: Jetzt bring ich dich mal auf andere
Gedanken!
Du, ich hab dir was mitgebracht!
Schnittblumen sind ja nichts für das
Krankenhaus,
da hab ich dir ein paar Blumenzwiebeln
besorgt!
(*packt entsprechende Utensilien aus*)
Hier! – Hängegeranien! Na? Und hier ein
Stehaufmännchen! Oh, guck mal,
das geht ja gar nicht, das fällt ja als wieder
um!

Patient: (*wirkt völlig am Boden zerstört*)

Besucher: Ach komm, nicht traurig sein.
Das hängt, äh Entschuldigung,
das renkt sich wieder ein.

Patient: Morgen wollen die AGRA ausprobieren.

Besucher: AGRA? Wie? AGRA?

Patient: Stimmt, - genauso hieß das. Die hat mir der
(*ortsbekannten Namen*) schon einmal
empfohlen.
Da hab ich den gefragt, wie denn die Dinger
innen drin aussehen? Da hat er gesagt: Das

wüsste er auch nicht, er würde immer eine
ganze nehmen.
Sag mal, was gibt es denn im Ort so Neues?

Besucher:  hmm, du kennst doch den Müller Jupp,
der hat sich mit seinen 83 Jahren eine neue
Freundin zugelegt.
Die Adeline, weißt du, die ist auch schon
79 Jahre. Zu der hat er gesagt: Früher hätte
seine Frau zum Einschlafen immer sein
Pimmelchen in die Hand genommen. Da hat die
Adeline gesagt: Ei, dann mach ich das auch! Und
jetzt, stell dir vor, er hat Schluss gemacht mit
der Adeline und geht jetzt mit der Tusnelda aus
dem Seniorenstift.

Patient:  Gottsche, Gottsche, die ist doch schon 88!
Was hat die denn, was die Adeline nicht hat?

Besucher:  Ei, die zittert! Und kürzlich, in der Apotheke
hat einer ein Päckchen Kondome von der Firma
HUSCH HUSCH reklamiert. Die wären alle porös
gewesen.

Patient:  Ach, die Dinger, die taugen nichts!
Außerdem hängen die auch noch in
Mitte durch!

Besucher:  Oh je, ich muss ja los! Aber eins muss ich
dir noch erzählen. Stell dir vor:
Eine Kollegin von mir hat ein unmoralisches
Angebot gemacht bekommen.

Patient:  Oh, erzähl!

Besucher: Also – da kam so ein Typ und hat zu ihr gesagt, sie würde ihm gefallen und für eine schnelle Nummer würde er 200 € springen lassen. Es ginge auch alles ganz schnell. Er würde die 200 € auf den Boden werfen und die Zeit, die sie braucht um sie auf zu heben, würde ihm völlig reichen.

Patient: Das hätte ich aber auch gemacht.
In der Zeit kriegt der doch nicht mal den Hosenstall auf.

Besucher: Das hat meine Kollegin auch gedacht und hat zugesagt. Aber der schlaue Sack hat lauter 50 Cent Stücke hin geworfen. Huch! – Jetzt muss ich aber los!

Patient: Ja, ich auch. Ich gehe jetzt zu einer Selbsthilfegruppe. Gestern war ich auch da. Das erste Mal. Unten , im Kellergeschoss. Da hab ich gefragt ob hier das Treffen der vorzeitigen Ejakulatiker stattfindet.

Besucher: Und?

Patient: Ich war zwar richtig - aber viel zu früh!

Besucher: Du - es wird Zeit - ich muss jetzt los!
Also Kopf hoch! Bis wieder mal!

Patient: Ja, mach es gut!

Beide zusammen **Helau**

# Urlaub an der Adria

*(die Reime verlangen hier zum Teil eine
plattdeutsche, aber hoffentlich
verständliche Schreibweise)*

Letzte Sommer, das war klar,
ich red auch gar nicht drim e rim, *(drum herum)*
Urlaub an de Adria,
ich sage nur – es war schlimm.

Wir waren noch nicht am Giessener Ring,
da hat Marianne schon gescholle. *(geschimpft)*
Mein lieber Mann, das war e Ding,
ich hat zum zweite Mal anhalte wolle.

Jetzt denkt ihr wohl, ich bin nicht gesund
und das alles gibt es doch net. *(nicht)*
Doch ich hatte einen guten Grund,
nämlich den, meine Wassertablett.

Immer wenn ich die morgens nemme, *(nehme)*
ist unter der Gürtellinie was los.
Da darf kein Reißverschluss klemme,
sonst geht alles in die Hos. *(Hose)*

Als wir dann in Würzburg waren,
erneute Pause - ich war froh.
Endlich können wir weiter fahren,
da musste meine Mary mal aufs Klo.

Ich hab dann später ausprobiert
und mir das Müssen, mal verbissen.
Irgendwann hatten wir uns arrangiert,
jetzt mussten wir immer zusammen müssen.

Mary hat wie immer geschennt, *(geschimpft)*
das Auto hätte auch besser ziehen wollen,
am Brenner hat meine Bremse gebrennt, *(gebrannt)*
ich hätte die Handbremse los machen sollen.

Endlich dann, nach vierzehn Stund,
standen wir am Haus wo wir wohne.
Ich kann euch sagen, müde wie ein Hund,
aber gut angekommen, in Bibione.

Die Mary hat mir dann Leid getan,
denn die Koffer sind ganz schön schwer.
Ich sagte noch: „Nimm immer nur aan", *(einen)*
nach einer Stunde war das Auto leer.

Plötzlich war ich wieder ganz cool,
das was war, das war mir Wurst.
Mary hängt erschöpft im Stuhl
und merkt nichts von meinem Durst.

Der fallen als die Augen zu,
die will doch jetzt nicht in die Kiste?
Ich bin fit wie ein adidas Schuh,
alle weil geht's auf die Piste.

Vierzehn Bierchen, schnell getrunken,
ihr könnt euch denken, was jetzt blühte.
Beim fünfzehnten wird ab gewunken,
die Mary war wach und ich war müde.

Als wir dann heim sind, etwas verfrüht,
hab ich sie ständig fest halten müsse.
Ich hab ihr auch, damit sie was sieht,
mehrmals beide Straßenseite gewisse.(gezeigt)

Daheim dann gleich ins Bett gefallen,
die Sandalen voller Sand.
Nichts mehr ist heute vorgefallen,
morgen gehen wir an den Strand.

Mit  Kopfschmerzen in den Morgen gestartet,
ich schälte mich langsam aus dem Lake, (Laken)
die erste, die mich freudig erwartet,
eine voll gesoffene Schnake.

Jetzt, lieber Heinz, sei auf der Hut,
meinen Schlappe (Hausschuh) hatte ich in der Hand.
So malte ich mit meinem Blut,
eine Schnake an die Wand.

Das Frühstück können wir heute vergessen,
ich tu lässig mit der Hand abwinken.
Das bisschen, was wir beide essen,
können wir am Strand auch trinken.

Die Badeklamotten im Gepäck,
Mary konnte alles leicht tragen.
Später liegen wir auf der Deck,
die Sonne scheint uns auf den Magen.

Das Wasser, das war herrlich nass,
meine Mary will noch schwimmen lernen.
Das war vielleicht ein Badespaß,
die Algen ließen sich leicht entfernen.

Nur eines hat mir nicht gepasst,
als ich zum Liegeplatz gekrochen,
kamen die von Green Peace angerast,
haben mich wieder ins Wasser gezooche. *(gezogen)*

Ich hab mich gewehrt, mir ging die Muffe,
aber mir ist nichts übrig geblieben.
„Rettet die Wale!" haben die geruffe, *(gerufen)*
ich fand das etwas übertrieben.

Am nächsten Tag am Strand rum gehangen,
keiner hat mich mehr erkannt.
Ich bin auch nicht gerade, gerade gegangen,
das lag vielleicht am Sonnenbrand.

Die Oberarme, leicht angewinkelt,
überall tut es fürchterlich brennen.
Hätte mich jetzt ein Hund an gepinkelt,
ich hätte gar nichts machen können.

Am vierten Tag, das hat gerade gefehlt,
ich sah aus wie ein gerupftes Huhn.
Die ganze Haut hat sich geschält,
dagegen kann man halt nichts tun.

Dann hab ich meine Mary gesucht,
gestern vergrub ich sie im Sand.
Genau hier, in dieser Bucht,
die ist mir doch nicht weg gerannt?

Endlich, zwei, drei Stunden später,
hab ich sie gefunden, verrückte Welt.
In der Station von den Sanitätern,
lag sie unter dem Sauerstoffzelt.

Na ja, ich hab ihr dann verziehe,
„Komm" sage ich: „Es ist vergessen.
Hier bleibst du aber nicht liegen,
wir gehen an den Strand was essen"!
neben uns lag einer, Mann war der braun.
Ich hab gefragt: „Wo kommst du her"?
Der sagt mir dann ganz im Vertrauen,
dass er ein Afrikaner wär.

Ich bin ein Mann, der seiner Frau was bietet,
den Tag wollte ich meiner Mary schenken.
Also hab ich ein Tretboot gemietet,
sie durfte sogar treten und lenken.

Ich kann euch sagen, ihr lieben Leut,
das war ein wahres Meisterstück.
Die Mary hat sich so gefreut,
die hat geheult, vor lauter Glück.

Am Abend dann was soll ich sagen,
wir haben noch Chianti getrunken.
Meine Mary kann nicht viel vertragen,
erschöpft ist sie in den Schlaf gesunken.

Wir Männer, wir sind nicht so zart,
uns kann so leicht nichts umwerfen.
Wir sind halt robuster in unserer Art
und haben auch die stärkeren Nerven.

Am anderen Tag, in einer italienischen Kneip,
die Besitzer waren aus der Türkei,
da hat es gerumpelt in meinem Leib,
ich dachte: „ Jetzt ist alles vorbei!"

Es hat mir fast die Därme zerrissen,
ich kam vom Klo nicht mehr runter.
Stundenlang hab ich gedrückt.
Das ich noch lebe, ist ein Wunder.

Meine Mary hat mich gesund gepflegt,
sie sagt zu mir: „Komm her mein Papa,
jetzt wird sich ein bisschen hingelegt,
trink erst noch einen kleinen Grappa!"

Am letzten Abend war es noch mal schön,
da bin ich richtig abgesackt.
Mary hat es leider nicht gesehen,
die war im Zimmer und hat gepackt.

Doch sie hat sich nicht beschwert,
im Grunde genommen hat sie es gut.
Schließlich, so hab ich ihr erklärt,
bist du wenigstens ausgeruht.

Auf dem Heimweg konnten wir Sausen,
große Zwischenfälle gab es net. *(nicht)*
abgesehen von den Pinkelpausen,
ihr wisst ja noch, meine Wassertablett.

Endlich sind wir wieder zu Haus,
die Nachbarn tun alle freudig winken.
Meine Mary packt die Koffer aus,
ich gehe in der Zeit einen trinken.

Bis die alles aufgeräumt,
sitz ich beim *(Gastwirt)* und bin blau.
Noch einmal wird vom Urlaub geträumt
Und jetzt geh ich heim, macht es gut. - **Helau**

# Die Verwechslung
## Zwiegespräch: Frau und Mann

*Frau reagiert auf eine Kontaktanzeige*
*Mann möchte eine Katze kaufen*
*Beide haben gleiches T-Shirt an*
*1 Tisch, 2 Stühle*

**Sie:** *Sie betritt die Bühne und sieht sich nach einem geeigneten Platz um.*

Sooo, hier setze ich mich hin. Keine grelle Beleuchtung und keine neugierigen Leute.
*Sie nimmt einen Spiegel aus ihrer Handtasche, richtet die Haare und legt Lippenstift auf und führt Selbstgespräche*
Die Kerze kann ich ja schon einmal anmachen. Ein bisschen Romantik schadet nicht.
Ich bin gespannt, wie er aussieht.
Ha! Ich bin richtig aufgeregt. Das ist das erste Mal, dass ich auf eine Heiratsannonce geantwortet habe. Ich habe ja auch gar keine Zeit gehabt, mir einen zu suchen. Na ja – vielleicht klappt es ja.

**Er:** *jetzt betritt er die Bühne und schaut sich suchend um*
Na, ist kein Tisch mehr frei?
*Nun sieht er sie und schaut ganz entsetzt.*
Meine Güte, das wird sie sein!
Sie sagte mir, dass sie von einem Bauernhof kommt. Na ja, so sieht sie auch aus.
Aber ein tolles T-Shirt hat sie an.
Sie hat gesagt, sie hätten so viele Katzen, da könnte ich mir ein aussuchen. Was für ein Aufwand, aber ich hätte gerne noch eine Katze.

**Er:** *nun zur Frau gewandt*
Guten Abend gnädige Frau, bin ich hier richtig?
Haben sie auf meine Annonce geantwortet?

**Sie:** *zum Publikum sprechend – ganz begeistert*
Jaaa, das ist er. Mensch hab ich ein Glück.
Der sieht ja wirklich gut aus. Zum Fressen.
Und ein schönes T-Shirt hat er an. Oh, Mann!
*Ganz aus dem Häuschen, zu ihm gewandt*
Aber selbstverfreilich mein Herr,
platzen sie nur!

**Er:** Vielen Dank! Ich bin ein bisschen zu früh
gekommen. Das passiert mir eigentlich immer.
Unser Treffen sollte ja auch erst in einer halben
Stunde sein. Aber - wie gesagt..

**Sie:** *unterbricht ihn*
Aber das macht doch nichts, ich komme auch
immer etwas früher. Das passt schon!
Sie kennen doch das Lied von den zwei
Königskindern?
Es waren zwei Königskinder, die hatten
einander viel Müh, sie konnten zusammen nicht
kommen, denn er kam immer zu früh
…..oder so ähnlich.

**Er:** Na ja, nun ähm, möchten sie vielleicht etwas
trinken? Darf ich uns etwas bestellen?

**Sie:** *ganz erstaunt zum Publikum*
Na also, spendabel ist er auch noch!
Eigentlich hätte ich auch Hunger,
aber auf die Idee kommt er wohl nicht.

**Er:** *er bestellt zwei Bier*
Na, wie sieht es denn aus mit unserer Katze?
Haben sie ein Bild von ihrer Muschi mit
gebracht?

**Sie:** *total sprachlos zum Publikum*
Määänsch – der geht aber ran! Ein Foto von
meiner Muschi? Da könnte ich ihn auch fragen,
ob er ein Bild von seinem Glockenturm
mitgebracht hat.
*wieder zu ihm*
Äähm – ein Foto? Also ich habe keine Ahnung,
macht man denn so etwas?

**Er:** Na ja, ich dachte halt nur. Aber egal – die sehen
ja alle gleich aus. Bis auf die Farbe. Ist auch egal,
ob schwarz, rot, braun oder weiß. Hauptsache
ist doch, dass sie zu mir passt und gesund ist!

**Sie:** Äähm – die Farbe? – ja – also grau braun – ist
schon so ein bisschen die Haarfarbe.
*erstaunt zum Publikum*
Was der gleich alles wissen will? Ich bin platt!

**Er:** Aha! – Also getigert! Das ist gut. Das passt
wunderbar zu meiner Einrichtung. Wissen sie,
wenn sie dann auf dem weißen Sofa liegt, dann
ist das Getigerte ein wunderbarer Kontrast.

**Sie:** Aha! – auf dem Sofa? – einfach so –
auf dem weißen Sofa? Ohne Decke darunter??
*zum Publikum*
Mann der hat aber eine Fantasie! Wahnsinn!
Da hab ich ja all die Jahre etwas verpasst!

**Er:** Klar, da braucht man keine Decke darunter, das ist ein weißes Ledersofa. Sehr pflegeleicht! Das macht dem Sofa nichts aus. Da kann man stundenlang streicheln, da bleibt kein Härchen daran hängen. So richtig zum Verwöhnen!

**Sie:** hmmm... ich finde, sie sind sehr offen und frei, das muss man ihnen lassen.
Also, damit hätte ich nicht gerechnet. Ich meine, so mit der Zeit, wenn man sich näher kennenlernt ...!

**Er:** Na ja, wissen sie – ich habe schon mehrere gehabt.
Eigentlich schon seit meiner Jugend war ich täglich davon umgeben.
Die lagen immer zu dritt oder zu viert im Wohnzimmerauf der Couch und haben gewartet bis ich nach Hause kam um sie zu verwöhnen.

**Sie:** Zu dritt?? Zu viert?? Im Wohnzimmer??
Auf der Couch?? Auf der weißen Couch?
Ach du meine Güte! Mir fehlen die Worte.
Ja sind die denn mit einander ausgekommen?

**Er:** Aber natürlich! – Die haben sich wunderbar

vertragen. Tagsüber haben sie gespielt und sich gegenseitig geputzt und nachts durften sie dann zu mir ins Bett.

**Sie:** *offensichtlich entsetzt!*

Also!?! Im Bett?? Ins Bett?? Alle??
Alle drei oder vier?? Gleichzeitig??
Wou! Da kommt aber etwas auf mich zu.

Er: Aber sicher! Mein Bett ist groß genug, da
würden noch mehr reinpassen. Es ist doch auch
so schön kuschelig, wenn sie alle da sind und
schnurren.

Sie: Ja, haben die denn kein eigenes Bett?
Ich meine …

Er: Nein, wozu denn? Wie gesagt, ich habe ein
großes Bett.
Okay, manchmal laufen sie auch im Haus herum
und streiten sich. Dann liegen sie nachher völlig
erschöpft auf dem Fell vor dem Kamin und
schlafen. Ach – was für ein schönes Bild. Dann
liegen sie da, schnurren und lecken sich sauber.

Sie: Auf dem Fell?? Vor dem Kamin??
Also, ich weiß nicht was ich davon halten soll?
Und jetzt – jetzt haben Sie keine mehr?

Er: Doch, natürlich! Noch zwei Stück!
Die Lilli und die Susi, die dritte habe ich
einschläfern lassen, weil sie schon so alt war
und nicht mehr konnte.

Sie: Einschläfern lassen? Zu alt??
Weil sie nicht mehr konnte??
*zum Publikum*
Der hat sie nicht mehr alle!

Er: Ja, die Haare sind ihr schon ausgegangen,
überall schon kahle Stellen, laufen konnte

sie  auch nicht mehr so richtig und aufs
Bäumchen kam sie auch nicht mehr hoch.

Sie:  Kahle Stellen - und nicht mehr aufs Bäumchen??
Wie alt war sie denn?

Er:  Zweiundzwanzig! ... ein stolzes Alter!

Sie:  Bei dem Lebenswandel, kein Wunder.

Er:  Nun such ich halt eine Gespielin für meine
beiden süßen Muschis. Damit sie sich nicht
langweilen,  wenn ich tagsüber arbeiten muss.

Sie:  Sich langweilen-tagsüber-auf dem weißen Sofa?
Ich kann es nicht fassen!

Er:  Schade, dass sie kein Foto dabei haben.
Dann hätte ich  mal gesehen wie sie aussieht
und ob sie farblich zu meinen beiden Muschis
passen würde.

Sie:  Und zum weißen Sofa?
Und ob sie aufs Bäumchen rauf kommt?

Er:  Wissen sie was? Ich fahre sie jetzt nach Hause
und sie zeigen mir ihr Kätzchen. Wenn es mir
gefällt und sie schön schnurrt, dann nehme ich
sie gleich mit zu mir.

Sie:  Halt! Stopp! Also das geht mir doch etwas zu
weit. Das ist mir alles viel zu schnell!
*Sie steht auf und macht Anstalten zum Gehen.*

Er:  Aber wieso denn? Jetzt bleiben sie mal hier!
Das ist doch ein fairer Vorschlag.

*Er hält sie fest und zeigt ihr ein großes Bild mit zwei Katzen*
Hier schauen sie, ich habe ein Bild von meinen beiden Kätzchen mitgebracht. Sind sie nicht süß?

Sie:    Aber … das sind ja Katzen!?

Er:    *zum Publikum*
       Ich weiß nicht, was hat denn die Frau?
       Ich glaub ich geh heim – bis dann

und **Helau**

## Der Macho

Letzte Woche, ihr lieben Leut,
war ich noch auf Weiberjagd.
Mann – was hab ich mich gefreut,
bin gespannt was ihr dazu sagt.

Gerade hatte ich eine aufgerissen,
wurde ich von der schon eingelade.
Ich hab mich dann in Schale geschmissen,
e frisch Unterhos und viel Pomade.

Dann ging es nach Wetzlar zur Bahnstation,
um dort ne Fahrkarte nach Marburg zu löse.
Ein bisschen müde war ich schon,
aber im Zug, kann man ja dösen.

Endlich bin ich dann eingestiegen,
die Eisenbahn war bombenvoll.
Ein Sitzplatz war dort grad noch zu kriegen,
aber der ihr Leut – war wirklich toll.

Ein Viererabteil, drei waren schon drin,
ich hab die alle mal angeguckt,
ein Holländer, 'ne Nonne und eine Blondin,
dann ist der Zug schon angeruckt.

Das Licht im Abteil war irgendwie gestört,
als der Zug den Weg durch den Tunnel genommen.
Einen kurzen Knall hat man dann gehört,
als hätte einer eine geschmiert bekommen.

Als der Zug wieder aus dem Tunnel raus fuhr,
hat der Holländer sich seine Backen massiert.
Jetzt könnte man denken: Was war da nur?
Was ist im Dunkeln da passiert?

Der wollte der Blondine an die Wäsche,
hat die Nonne so bei sich gedacht.
Dafür gab es natürlich Dresche,
ich hätte es genauso gemacht.

Die Blondine aber denkt für sich:
Der ist der Nonne an die Wäsche gegangen,
gemeint hat der sicherlich mich
und dafür hat er eine gefangen.

Ich hab so bei mir gedacht:
Jetzt guckt er dumm, der Genosse.
Warte nur, das wird noch mal gemacht,
im nächsten Tunnel kriegt er noch eine geschossen.

Dann ist der Zug in Marburg eingelaufen
und ich bin gleich in die Apotheke gerannt,
um ein Päckchen Kondome zu kaufen,
der Abend wird bestimmt interessant.

Dem Apotheker hab ich im Vertrauen gesagt:
Meine Freundin, die ist scharf wie ein Rettich,
deswegen brauch ich die Dinger heut Nacht,
denn dann ist sie dran, da wett ich.

Am Besten nehme ich von den Päckchen zwei,
ihre Mutter, die ist auch nicht gerade ohne.
Vielleicht ist sie beim Sex mit dabei,
mein lieber Mann, das tut sich lohne.

Der Apotheker lacht und freut sich mit mir:
Ich wünsche dir viel Spaß beim Poppen
Und das Ding hier schenke ich dir,
das ist ein Pariser, oben mit Noppen.

Ich hab mich bedankt und bin losgegangen.
Meine Freundin stand schon draußen vorm Tor.
Mit einem Küsschen hat sie mich empfangen:
Komm ich stell dich meinen Eltern vor.

Beim Abendessen hab ich nix geschwätzt,
nur rum gekaut auf meiner Kartoffel.
Meine Freundin hat sich zu mir gesetzt
und sagt: Was bist du nur für ein Stoffel?

Wenn ich gewusst hätte wie unhöflich du bist,
dann hätte ich die Einladung zurückgenommen.
Hätte ich gewusst, dass dein Vater Apotheker ist,
sag ich, wäre ich gar nicht erst gekommen.

Zum Bahnhof war es Gott sei Dank nicht weit.
Und als ich langsam dann dort hin ging,
standen da ein Haufen von Leut`
und mitten drin der Müntefering.

Die Bodyguards nahmen ihn in die Mitte,
stets auf seine Sicherheit bedacht.
Der Schaffner rief: Zurücktreten bitte!
Das hat er dann ja auch gemacht.

Der Tag war also nicht gut gelaufen,
sozusagen für die Frankfurter Affen.
Ich ging in die Kneipe, noch einen saufen,
am anderen Tag muss ich noch schaffen.

Ich hab nämlich noch einen Nebenjob,
da verdiene ich mir etwas zu.
Beim hiesigen Bauern auf seinem Hopp (Hof)
Melke ich dem, immer morgens die Kuh.

Hab dann pünktlich auf dem Schemel gesessen,
trotz meiner gestrigen Fete.
Aber die Kuh war heut wie besessen
und tat mir als gegen den Eimer treten.

Das war natürlich keine Melkerei,
ein kleines Seil hab ich gefunden
und hab der Kuh, eins, zwei, drei,
den linken Huf, links angebunden.

Mach dann weiter, denk an nichts schlechtes,
doch die Kuh tritt weiter, wie gemein.
Sie nimmt dazu ihr rechtes,
noch immer freies Hinterbein.

Die Faxen hatte ich schnell dick.
Das wäre doch gelacht
und mit einem anderen dünnen Strick,
den rechten Huf, rechts fest gemacht.

Breitbeinig nun, so stand ´se,
ich hab gerade wieder gesessen,
da holt sie aus, mit ihrem Schwanze
und haut ihn mir, in die Fresse.

Als hat sie mit dem Ding gewackelt,
hier musste ich noch eine Lösung finden.
Ich hab auch gar nicht lange gefackelt
und wollte den Schwanz nach oben binden.

Auf den Schemel gestellt, das war nicht schwer,
ich hatte das Seil über den Balken geschmissen,
doch dann passierte das Malheur,
die Hosenträger sind plötzlich gerissen.

Was jetzt kommt, das glaubt ihr mir nie,
ich konnte doch wirklich nichts dafür.
Die Hose rutscht mir bis zum Knie
und plötzlich steht jemand in der Tür.

Die hat mich vielleicht angeblickt,
es war die Bauersfrau, die Elke.
Die dachte, ich hätte die Kuh ge ..ärgert,
dabei wollte ich die doch nur melke.

Doch die war ganz außer sich,
meine Geschichte hat sie mir nicht abgenommen
und sagte: Hier sind fünf Euro für dich,
du brauchst nicht mehr her zu kommen.

Das hat mir auch für heute geschickt,
ich hab mich dann auch gleich verdrückt
und mich nach einer um geblickt,
die meine Hosenträger flickt.

Deshalb geh ich auch jetzt heim.
Ich hab nämlich wieder eine neue Frau.
Die wohnt hinten im Hohen Rain,
also ihr Leute, macht es gut und

Helau


## Der Unglücksrabe

*Zerrissene Kleidung und Bandagen*

Gell ihr Leut, jetzt seid ihr platt,
was tut sich der arme Kerl dort quäle.
Ich hab einen kleinen Unfall gehabt,
das muss ich euch erzähle.

Meine Frau, die hat seit neuem ´nen Has
und sagt zu mir: Tätest du dich trauen?
Komm mach mir doch den kleinen Spaß
und tu mir einen Hasenstall bauen.

Es muss auch kein ganz großer sein,
du kommst dabei auch nicht uns schwitzen.
Am Liebsten wäre mir einer aus Stein,
wir haben auf dem Dachboden welche sitzen.

Schon hab ich gedacht, voller Graus,
das wird aber doch ziemlich schwer.
Die ganzen Steine durchs Treppenhaus?
Da muss eine andere Lösung her.

Da hab ich bei mir selbst gedacht:
Du brauchst ein Seil und eine Winde.
Ein Balken am Dachboden fest gemacht,
woran ich dann die Rolle binde.

Das Seil dann durch die Rolle gezogen,
prima ist mir das geglückt.
Die Treppe runter, beinahe hin geflogen,
doch ich hab die Kurve noch gekriegt.

Jetzt hab ich mir eine Kiste genommen
und das Seil dran fest gebunden.
Das eine Teil wird hoch geklommen,
das andere bleibt unten.

Die Kiste ist jetzt in Position
und das Seil hab ich mit Bedacht,
in weiser Voraussicht schon,
am Gartenzaun richtig fest gemacht.

Ich denke: die Treppe herauf jetzt musste,
das geht mächtig in die Beine.
Oben dann mit schwerer Puste,
pack ich in die Kiste die Steine.

Dann bin ich wieder runter gerannt,
beinahe wäre ich wieder gefallen.
Das Seil war ziemlich straff gespannt,
aber der Knoten hat gehalten.

Das Seil wickle ich nun um den Arm
und mache langsam den Knoten auf.
Plötzlich wird mir es ums Herz ganz warm,
das Schicksal nimmt jetzt seinen Lauf.

Denn ich merke, ganz entsetzt,
doch es ist schon viel zu spät,
das Gewicht von der Kiste, total unterschätzt,
geh ich hoch wie eine Rakete.

Ich fühle mich, wie richtig besoffen,
die Kiste kam runter, wie geschmissen.
In der Mitte haben wir uns getroffen,
meine rechte Seite ganz aufgerissen.

Ihr glaubt wohl, ich mach hier einen Witz?
Das gibt's doch nie und nimmer!
Der Schmerz durchzuckt mich wie ein Blitz,
doch was dann kam war noch schlimmer.

Mein Kopf knallt oben gegen die Winde,
das hat wie ein Glockenspiel geklungen,
ich fühle wie mir die Sinne schwinden,
am Boden ist die Kiste zersprungen.

Das Seil habe ich noch fest am Arm,
die Kiste am Boden sich bewegt,
mir wird schon wieder etwas warm,
der weitere Weg ist festgelegt.

Schon bin ich wieder nach unten gefallen,
es hat mittlerweile leicht geregnet.
Denken könnt ihr euch schon alle,
in der Mitte, ist mir die Kiste wieder begegnet.

Die Bretter knallten mir in voller Breite,
ich dachte noch: Was für ein Scheiß!
Diesmal in die linke Seite,
unten knall ich auf den Steiß.

Jetzt lieg ich da, flach auf dem Rücken,
das Seil entglitt mir aus den Armen.
Dann sehe ich von der Kiste die Stücke,
wie sie auf mich runter kamen.

Da hab ich so bei mir gedacht,
ich hab gar nichts mehr gefühlt:
Heinz, das hast du gut gemacht!
Der Regen hat mich etwas gekühlt.

Ich lag da, die Zeit ging rim, (herum)
So hat meine Frau mich gefunden.
Sie meinte nur: Es ist halb so schlimm,
Hauptsache ist, die Steine sind unten.

Ich sage zur Frau: Nun mach doch schon,
ich war noch immer heftig am Zucken:
Geh und lauf zum Telefon,
ruf den Arzt, der soll einmal gucken.

Kurz darauf, oder war es doch später.
Ich glaube, es war schon fast halb acht,
kam ein Krankenwagen mit zwei Sanitäter;
die haben sich fast krankgelacht.

Die haben mich verarztet, mitten im Hopp, (Hof)
Gebrochen war nichts, da hatte ich Glück,
Prellungen, Schürfwunden, Schmerzen im Kopf,
doch der Rest war noch am Stück.

Da hab ich zu meinem Schatz gesacht: (gesagt)
Das mir dem Stall, das kannst du vergessen!
Gar nichts mehr wird jetzt gemacht,
Ostern wird der Hase gefressen!

Jetzt wisst ihr wie mir es ergangen ist,
Doch beim nächsten Mal bin ich schlau, das
passiert nicht mehr, ganz gewiss
und jetzt wird gefeiert, ein dreifach

Helau

## Bei uns zu Hause

Ihr kennt doch die Mary? Meine Frau!
Wenn die mich schief von der Seite anblickt,
dann weiß ich plötzlich ganz genau,
gleich werde ich wieder zum Einkaufen geschickt.

Es ist nicht viel, ich schreib es dir auf,
jetzt mach nicht so ein Trara,
du läufst schnell den Berg herauf,
schon bist du bei der EDEKA.

Was ist mir da noch übrig geblieben?
Eigentlich wollte ich ja schonen.
Mary hat einen Zettel geschrieben
und gibt mir letzte Instruktionen.

Beim Bäcker holst du ein paar Kräppel
und ein Brot, am Besten in Scheiben,
Obst bringst du mit, Bananen und Äpfel.
Wenn keine da sind, dann lässt du es bleiben.

Eier bräuchten wir aach, (*auch*)
So circa zwanzig Stück.
Aber, schau die alle nach
manche haben einen Knick.

Tomaten nimmst du – am Besten,
tu sie erst etwas drücken –
fünf Stück – nur von den Festen.
Die Getatschten legst du wieder zurück.

Kohlrabi auch – mitteldick,
die Blätter lässt du liegen,
das ist ein altbekannter Trick,
man braucht nicht alles mit zu wiegen.

Zwiebel bräuchten wir, ein Säckchen,
ich weiß, die tust du nicht gerne essen,
aber davon kriegt man rote Bäckchen.
Alles klar! Die werden vergessen!

Nudeln brauchen wir, für deine Suppe,
ein Glas Gurken, weißt du, die Sticks.
Ein Päckchen Spinat, den mit dem Plupp
und Champignons, eine kleine Büchs.

Klopapier – jetzt pass auf –
Da nimmst du das mit drei Lagen.
Da sind so kleine Blümchen drauf,
findest du es nicht, musst du fragen.

Für das WC einen Raumauffrischer,
warum, brauch ich dir nicht zu sagen,
zwei, drei Rollen Küchentücher,
hoffentlich kannst du alles tragen.

Drei Töpfe Eis – mit Karamell,
die sind in der Tiefkühltruh,
wenn du sie hast, machst du schnell
und zieh den Deckel wieder zu.

Beim Metzger holst du drei Rouladen,
drei Schnitzel werden auch genommen,
für den Sonntag einen Braten,
die sollen denken, dass wir Besuch bekommen.

Kommst du an der Käsetheke vorbei,
dann gehst du zu der Frau da
und lässt dir geben, drei
Scheiben Emmentaler und Gouda.

Margarine, die von Günstig und Gut,
zwei Päckchen werden da geholt.
Doch wenn einer zugucken tut,
dann kaufst du Butter, Kerry Gold.

Beim Joghurt langst du auch mal hin,
der kostet ja nicht gleich die Welt.
Da sind viele Vitamine drin,
aber schau aufs Datum, wenn er verfällt.

Für die Spülmaschine ein Pack Taps.
Das müsste alles gewesen sein,
vielleicht noch ein Fläschchen Schnaps,
aber nimm sie nicht so klein.

Was war da noch? Ach, was soll's.
Vielleicht noch Balsam für die Füße
und Anzünder für das Feuerholz
und siehst du Bekannte, dann tu sie grüßen.

Streusalz, hätte ich fast vergessen,
es wird nicht glatt – hast du beteuert.
Ich hätte fast auf dem Hintern gesessen,
am liebsten hätte ich dir eine gescheuert.

Deshalb müssen wir uns vorsorgen,
dann brauchen wir uns nicht zu Bangen,
gibt's Glatteis, heute oder morgen,
zwanzig Kilo, die müssten langen.

Ich dachte noch: So ein Mist!
Krieg ganz langsam weiche Knie,
wenn alles aufgeladen ist,
das schafft der Einkaufswagen nie.

Jetzt tu ich noch das Geld kassieren,
dann hol ich mal das ganze Zeuch (*Zeug*)
und unterwegs – dann kann es passieren,
treffe ich vielleicht einen von euch.

Ich muss mich jetzt beeilen,
daheim wartet meine Frau.
Ihr könnt noch hier verweilen.
Viel Spaß noch … und

Helau

# Mein Opa, der bin ich

Wenn ich euch erzähle, von einem Fall,
denkt ihr bestimmt, der hat einen Knall.
Ihr meint ich hätte nicht mehr alle an der Schelle?
Da seid ihr bei mir an der richtigen Stelle!

Denkt bloß nicht alle, dass ich spinn,
wenn ich euch sage, dass ich mein Opa bin.
Wie kann das sein? Wie ist es passiert?
Bin gespannt, ob ihr das kapiert.

Eine Frau hatte ich einst kennen gelernt,
die hat mich richtig aufgeputscht.
Der siebte Himmel war nicht weit entfernt,
der Frühling ist in die Hose gerutscht.

Ganz harmlos hat alles angefangen,
erst wollte sie nichts von mir wissen.
Dann sind wir aufs Standesamt gegangen,
haben unsere Renten zusammen geschmissen.

Meine Frau hatte eine Tochter, grad achtzehn Jahr,
die hatte meinem Vater gut gefallen.
Kurze Zeit später, das war klar,
haben auch die zwei Hochzeit gehalten.

Jetzt war mein Papa mein Schwiegersohn,
ich dachte noch es ist alles in Butter.
Meine Stieftochter war aber, welch ein Hohn,
von nun an auch meine Stiefmutter.

Bis jetzt da blickten wir noch durch.
Doch etwas später, nach einem Jahr,
meine Frau bestellt den Klapperstorch
und machte mich zum stolzen Papa.

Meine Stieftochter, das wisst ihr schon,
war, ich habe noch etwas auf Lager,
die Schwester von meinem einzigen Sohn
und der von meinem Papa der Schwager.

Der Schwager vom Papa – einwandfrei.
Jetzt kommt man aber auch zu dem Schluss,
dass mein Sohn so neben bei,
auch mein Onkelchen sein muss.

Doch es ist noch nicht zu Ende,
wiederum verging ein Jahr.
Meinem Papa stieg noch Kraft in die Lende,
meine Stieftochter bekam ein Zwillingspaar.

Das waren Papa´s Söhne – also meine Brüder.
Jetzt wird es spannend, hört genau,
ich sage es einmal und nie wieder,
denen ihre Oma – das ist meine Frau.

Meine Frau ist die Oma – stimmt genau.
Dazu fällt mir folgendes ein.
Dann muss ihre Oma – also meine Frau,
genauso meine Oma sein.

Ihr merkt, dass wir bald am Ende sind.
Das ist schon eine verflixte Geschicht'.
Ich bin meiner Frau ihr Enkelkind –
Meine Frau ist meine Oma – oder etwa nicht?

Meine Frau ist meine Oma und ich bin ihr Mann.
Ihr könnt mir glauben, ich hab keinen Stich
und weil das so ist, ich sagen kann:

**Mein Opa, - der bin immer ICH**

# Heiliger Rauch

Ich grüße euch alle in diesem Haus
und will es gleich am Anfang sagen:
Die Kippen bleiben heute alle aus.
Ich kann den Qualm nicht so vertragen.

Ja, ihr Leute, das ist nicht zum Spaßen,
es ist entschieden vom Gericht,
wo die Raucher Dampf ablassen
und natürlich auch – wo nicht.

Man fragt sich: Wozu soll das alles nützen?
Der Gesetzgeber will mit diesem neuen Brau,
alle Nichtraucher vor dem Qualm beschützen
und die Raucher selbstverständlich auch.

Und dann natürlich die Krankenkassen,
die können sich jetzt wieder erlauben,
die haben es ja eigentlich nie gelassen,
ihre Gehälter ein wenig hoch zu schrauben.

Unsere Politiker sind sehr zufrieden.
Zu Unrecht hält man die für doof.
Der Sitzungssaal wird jetzt gemieden,
die debattieren lieber draußen im Hof.

Da stand einer neben der Angela,
sah aus wie ein ab gelaichter Hering.
Ich hab gedacht: Wer ist das da?
Tja, das war der Müntefering!

Der hat dann seine Kippe wieder ausgedrückt,
die Angie umarmt, die begann zu frieren,
seine Genossen in den Plenarsaal geschickt,
um endlich mal bisschen zu regieren.

Der dauernde Wechsel von warm in kalt,
tut auch nicht gut, mit der Begründung:
Wer da nicht fit ist holt sich bald
eine fürchterlich lästige Blasenentzündung.

Die hat zur Folge, man muss öfter müssen,
man hat Druck, wo man geht und steht
und wie wir das schon vom Rauchen wissen,
da wo man will, da darf man net. (*nicht*)

Also sucht man sich eine geeignete Ecke,
Zuschauer kann man hier nicht gebrauchen.
Doch dann kommt der nächste Schreck,
da steht schon einer – und ist am Rauchen.

Das stört in diesem Falle nicht,
es wird eng in der Ecke zu zweit.
Er sieht dem anderen ins Gesicht,
mein Gott – das ist der Wowereit.

Das macht die geplante Aktion zunichte,
er wusste nicht was er machen sollte
und das verfluchte an der Geschichte,
jetzt raucht er wieder obwohl er nicht wollte.

Ich habe einen Bekannten, der raucht Kette.
Der ist vor Angst aus den Latschen gekippt,
dass es seine geliebte Zigarette,
auch nicht mehr zu kaufen gibt.

Doch die von der Leyen, unsere Ministerin,
führt folgendes im Schilde:
Sie lässt die zwölfjährige Enkelin,
zum Zigaretten holen ausbilde.

Ich wollte auch aufhören mit den Zigaretten.
Meine Frau begann zu jubilieren.
Sie sagte, die gewonnene Zeit die wir jetzt hätten,
könnten wir in Sex investieren.

Die mit ihrem Scheiß Gesetz,
ich wollte mich eigentlich dran halten.
Die Bescherung hab ich jetzt,
bedankt euch nur bei meiner Alten.

Die sagen zwar, Rauchen macht krank.
Hier sind die Meinungen gespalten.
Ich tu durch das Rauchen, Gott sei Dank,
meine Gesundheit noch ein bisschen erhalten.

Wollen wir abends spät ins Bett,
meine Frau guckt mich an, ihr wisst was ich mein,
dann schnapp ich mir eine Zigarett'
und zieh das Zeug tief in mich rein.

Das wäre mal was für die Politik:
Tut mal was für unser Vergnügen!
Die Einschränkung vom heimischen Beischlaf
auf einmal in der Woche, das würde genügen.

Ja, stellt euch mal vor, die sagen jetzt
und zuzutrauen ist das den Herren.
Der eheliche Beischlaf, darf nur, nach Gesetz,
daheim im Schlafzimmer vollzogen werden.

Nicht in der Küche und unter der Braus,
auch die Besenkammer bleibt tabu,
das hältst du doch im Kopf nicht aus,
mal ehrlich, was sagt ihr dazu?

Bekämpft doch mal die wirklichen Sünden.
Das gäbe schnell gefüllte Kassen.
Diese Leute gilt es zu finden,
die heimlich einen fahren lassen.

Und dann unerkannt entkommen,
eines steht fest – ganz zweifelsfrei.
Keiner bleibt da ausgenommen,
Nichtraucher sind da auch dabei.

Missetäter gibt es noch soviel,
da fahren welche bei ROT über die Schranken.
Die einen fahren mit wenig Profil,
die anderen tun nur Heizöl tanken.

Das gilt als Kavaliersdelikt.
Da wird kein Strafzettel gebraucht.
Da wirst du nicht in den Knast geschickt.
Aber wehe dir – du hast geraucht.

Da kommt gleich der Zeigefinger!
Ei – was hast du denn gemacht?
Ei – was machst du denn für Dinger?
So weit hast du es nur gebracht?

Wisst ihr, er tut mir etwas leid,
dieser Kampf bis aufs Messer.
Ehrlich gesagt – die alte Zeit,
gefiel mir eigentlich besser.

Ich will jetzt nicht noch mehr Luft verbrauchen,

ich mache mich jetzt heim zu meiner Frau.

Gehe mit eurem Präsident noch eine rauchen

und rufe euch zu

ein donnernd

Helau

Heinz Bördner

Kreativ Forum Westerwald